高速公路
日常养护图册

主编:云南省交通规划设计研究院有限公司
　　　云南交通工程质量检测有限公司
　　　云南省交通投资建设集团有限公司

人民交通出版社股份有限公司
北　京

图书在版编目（CIP）数据

高速公路日常养护图册 / 云南省交通规划设计研究院有限公司，云南交通工程质量检测有限公司，云南省交通投资建设集团有限公司主编. — 北京：人民交通出版社股份有限公司，2023.5
ISBN 978-7-114-18407-9

Ⅰ.①高… Ⅱ.①云… ②云… ③云… Ⅲ.①高速公路—公路养护—图集 Ⅳ.① U418-64

中国版本图书馆 CIP 数据核字 (2022) 第 251739 号

Gaosu Gonglu Richang Yanghu Tuce

书　　名：	高速公路日常养护图册
著 作 者：	云南省交通规划设计研究院有限公司
	云南交通工程质量检测有限公司
	云南省交通投资建设集团有限公司
责任编辑：	郭红蕊
责任校对：	赵媛媛　龙　雪
责任印制：	张　凯
出版发行：	人民交通出版社股份有限公司
地　　址：	（100011）北京市朝阳区安定门外馆斜街3号
网　　址：	http://www.ccpcl.com.cn
销售电话：	（010）59757973
总 经 销：	人民交通出版社股份有限公司发行部
经　　销：	各地新华书店
印　　刷：	北京盛通印刷股份有限公司
开　　本：	787×980　1/32
印　　张：	8.375
字　　数：	108千
版　　次：	2023年5月　第1版
印　　次：	2023年5月　第1次印刷
书　　号：	ISBN 978-7-114-18407-9
定　　价：	48.00元

（有印刷、装订质量问题的图书，由本公司负责调换）

编委会

主编单位：

云南省交通规划设计研究院有限公司

云南交通工程质量检测有限公司

云南省交通投资建设集团有限公司

编写人员：

陈宙翔	房　锐	李春晓	吕敬富	黎　晓	周沛延	程智清
蒙　奕	熊　涛	李亚军	杨金铨	刘　聪	胡澄宇	尹存源
陈亮亮	郑少鹏	张莹莹	程志豪	李利斌	陈华斌	程海洲
伍乾坤	和四勇	卫琳琳	李佳佳	黄凛涛	潘文超	郭红蕊

前言

随着高速公路的路网密度越来越大,运营里程逐年增加,公众对于交通出行的便捷性和舒适度要求日益提高。高质量的出行需要高质量的路况与高水平的服务来支撑,而日常养护是稳定路况质量,提升公路服务能力最直接、成效快且最为重要的工作。通过日常巡查、日常保养和日常维修,对高速公路各组成部分进行日常养护作业,能保持高速公路良好的运营状态和服务水平。

为满足高速公路运营要求,提高高速公路日常养护水平,编写组结合高速公路养护工作实际,通过调研总结和归纳国外及国内先进省区市养护技术经验,以及运用成熟的日常养护技术工艺,编制了这本口袋书——《高速公路日常养护图册》。本图册可用于规范高速公路基层养护单位在日常养护工作中的养护施工工艺、质量控制、设备要求、材料要求等工作,通过日常养护规范化、标准化实施,提升高速公路持续服务能力和养护质量,达到延长高速公路使用寿命、提高管养单位养护能力、高效使用养护资金和节约养护成本的目的。

本图册的编写和出版得到了云南省交通投资建设集团有限公司领导和专家的指导,在此一并表示感谢!本图册难免存在不足和疏漏之处,请广大同行和读者批评指正,特此感谢!

编写组

2023 年 1 月

目录

1 基本要求   001

1.1 作业人员   002
1.2 作业车辆   004
1.3 作业安全要点   008
1.4 作业安全设施   010
1.5 作业控制区布置   014

2 巡查检查   019

2.1 巡查检查分类   020
2.2 土建工程日常巡查   024
2.3 土建工程经常检查   028
2.4 机电设施日常巡查   036
2.5 其他巡查   040

3 日常保洁   047

3.1 土建工程日常保洁   050
3.2 机电设施日常保洁   056

4 路基 　　　　　059

4.1 清理疏通排水设施　062
4.2 清理零星塌方　　　064
4.3 土质边坡日常维修　066
4.4 岩质边坡日常维修　074
4.5 防护和支挡结构日常维修　081
4.6 排水沟损坏修复　　085

5 路面 　　　　　087

5.1 沥青路面　089
5.2 水泥路面　112

6 桥涵 　　　　　119

6.1 桥面伸缩缝清理　122
6.2 桥面泄水孔清理　123
6.3 涵洞清理疏通　　124
6.4 伸缩缝橡胶条更换　126
6.5 伸缩缝破损修补　128

7 隧道 — 133

7.1 隧道内装饰清洁 — 136
7.2 隧道路面、标志标线、轮廓标清洁 — 137
7.3 隧道排水设施清疏 — 138

8 交通安全设施 — 141

8.1 标线补划 — 143
8.2 波形梁护栏更换 — 146
8.3 混凝土护栏修补 — 152

9 绿化 — 159

9.1 绿化浇水 — 161
9.2 绿化修剪 — 164
9.3 绿化补种 — 170

10 房建设施 — 179

10.1 清洁保养 — 181
10.2 设施维护 — 182

11 机电设施   185

11.1 监控设施	190
11.2 通信设施	200
11.3 收费设施	202
11.4 供配电设施	216
11.5 照明设施	234
11.6 隧道机电设施	240

基本要求

1.1 作业人员 002

1.2 作业车辆 004

1.3 作业安全要点 008

1.4 作业安全设施 010
　　临时安全标志 010
　　其他安全设施 012

1.5 作业控制区布置 014

1.1 作业人员

- 养护作业人员上路作业时，必须身着桔黄色工作服与反光衣，佩戴安全帽，穿着防护鞋，着装整齐醒目。

- 高空作业时须戴安全帽，没有作业平台的高空作业必须系安全绳；搭架作业前须检查脚手架或钢管架的安全性。

- 水上作业时须穿救生衣。

- 钢筋打磨等作业时须佩戴防尘口罩、眼罩等防护器具。

- 割草作业时应佩戴护目镜（或头盔）、护膝等防护用品。

1.2 作业车辆

> 作业车辆应自觉遵守交通安全法规,严禁超速行驶、人货混载、隧道口或中央分隔带掉头、非交通管制区域倒车等违规作业行为。

所有上路作业车辆必须按照要求安装安全标识,移动式作业车辆(如洒水车、扫路车等)必须在车后安装导向灯、移动式施工标志牌等。

- 作业车辆在封闭作业区内倒车时必须注意前后观察,并安排专人指挥。

- 所有进场车辆应配备消防安全设备。

1

基本要求

1.3 作业安全要点

> 每天上路作业前必须对养护作业人员进行安全交底。

- 短期养护作业应按要求布置作业控制区，可采用易于安装拆除的安全设施；临时和移动养护作业控制区布置可在短期养护作业控制区基础上，根据实际情况，在保障安全的前提下进行简化。

- 作业人员不得随意横穿行车道，需要穿越行车道时，应安排专人指挥，仔细查看来车行驶情况，确认有足够安全距离时快速通过。

- 夜间进行养护作业应布设照明设施和警示频闪灯，并加强作业现场管理。

- 严禁将施工器具、机械物料等置于作业控制区域外。

- 大雾、大风或暴雨等恶劣天气严禁上路开展日常养护作业。

1.4 作业安全设施
临时安全标志

施工标志

施工区域
距离提示

施工区域
长度提示

车道数
减少标志

导向标志

减速慢行
标志

限速标志

禁止超车标志

解除限速标志

解除禁止超车标志

其他安全设施

交通锥

水马

闪光箭头

路栏牌

- 公路养护安全设施在使用期间应定期检查维护,保持设施完好并能正常使用。

- 用于夜间养护作业的安全设施必须具有反光性或发光性。

警示频闪灯

车辆闪光灯

沙袋掩体

1.5 作业控制区布置

- 养护作业控制区应按照现行《公路养护安全作业规程》(JTG H30) 相关规定布置。

- 安全设施布设顺序应从警告区开始,向终止区推进;按照先交通标志后安全隔离设施的次序,顺车辆行驶方向摆放。

- 警告区安全设施移除顺序应符合"顺放顺收",其他作业控制区段落安全设施移除顺序应符合"顺放逆收"。

- 施工区域应用交通锥或水马隔离，交通锥摆放整齐。

- 保通人员应对整个施工区域进行巡查，发现不安全因素应及时处理；出现无法处理的事件应及时上报现场负责人。

> 长期占道施工应采用围挡隔离施工区域；围挡上粘贴反光条，并隔段摆放交通锥，配备保通人员对安全设施及施工场地进行巡查。

巡查检查 2

2.1 巡查检查分类	020
2.2 土建工程日常巡查	024
2.3 土建工程经常检查	028
2.4 机电设施日常巡查	036
2.5 其他巡查	040
雨季巡查	040
冬季巡查	042
夜间巡查	043
灾后巡查	044
路产巡查	045

2.1 巡查检查分类

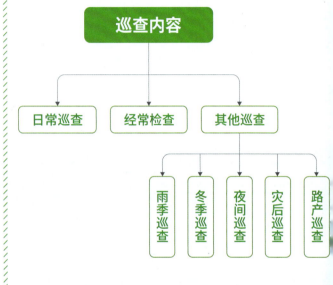

- 高速公路巡查检查工作分为日常巡查、经常检查、其他巡查。

- 其他巡查包括雨季巡查、冬季巡查、夜间巡查、灾后巡查和路产巡查。

土建工程日常巡查

序号	项目	巡查内容
01	路基	检查路肩、边坡、防护等是否存在缺损或表面破损等,是否存在杂草、杂物堆积;路堤是否存在沉陷、冻胀翻浆;边坡坡体是否存在松动、碎落崩塌、局部坍塌;各类排水设施是否存在堵塞、局部破损等
02	路面	检查路面、匝道、收费广场等处的路面病害以及易诱发路面病害或影响通行的积水、积雪、积冰、污染物、散落物、路障等情况
03	桥梁涵洞	桥路连接处是否异常;桥面铺装、伸缩缝是否有明显破损;伸缩缝位置的桥面系是否异常;栏杆或护栏等有无明显缺损;标志标牌是否完好;桥梁线形是否存在明显异常;是否存在异常的振动、摆动和声响;桥梁安全保护区是否存在侵害桥梁安全的情况
04	隧道	检查隧道洞口、衬砌、路面是否处于正常工作状态,是否妨碍交通安全

续上表

序号	项目	巡查内容
05	交通安全设施	检查各类护栏是否缺损、变形，迎撞面处是否有杂物堆积；检查标志标牌是否遮挡、变形、构件缺损，版面内容是否清晰，夜间视认性是否良好；检查标线、路标以及各类标记是否污染严重、缺失，视认性是否良好；检查隔离栅、防眩板等是否缺损、变形
06	沿线设施	检查防落网是否缺损、围封是否严实；检查避险车道是否损坏、制动床集料是否平整、车道前方植被是否遮挡视距
07	绿化	检查中央分隔带、边坡、立交范围、站房、服务区等区域绿化长势情况，有无缺株、死株、病虫害以及遮挡标志标牌等影响视认性的情况
08	其他	检查涉及公路路产路权状况（如路产损坏、侵害、占用等）、涉路项目现场施工情况

2.2 土建工程日常巡查

● 巡查内容

包括高速公路沿线路基、路面、桥涵、隧道、交通安全设施、绿化等构造物和沿线设施巡查,以及高速公路路产路权状况(如路产损坏、侵害、占用等情况)、涉路项目现场施工情况的巡查。

巡查频率

设施类型	巡查频率
路面	不低于 1 次 / 天
桥梁	不低于 1 次 / 天
隧道	不低于 1 次 / 天
交通安全设施	不低于 1 次 / 天
路基	不低于 1 次 / 周
绿化	1 轮 / 月

巡查方式

以乘车巡查为主,巡查过程中发现病害或异常情况时应停车进行人工检查。

❶ 注意事项

- 巡查人员应穿着反光背心,如需临时停车检查的,须开启警示灯后将车停放在应急车道或硬路肩,并在车后设置安全警示标志。

2.3 土建工程经常检查

❯ 检查内容

桥梁：主要对桥面系、上部结构、下部结构及附属设施表观状况进行检查。

隧道：土建结构经常检查以定性判断为主，判定分为情况正常、一般异常、严重异常。

涵洞：主要对涵洞进出水口、洞身结构等进行检查。

高边坡、高挡墙：主要对边坡或挡墙整体区域、排水设施等重要构造物进行检查。

交通安全设施：主要检查交通标志、路面标线、突起路标、轮廓标、护栏、隔离栅、防眩设施及里程牌、百米牌、公路界碑、防落网、锥形交通路标等交通安全设施的清洁情况和使用功能。

❯ 检查方式

土建工程经常检查一般采用抵近目测方法，配以望远镜、相机、皮尺、卷尺、扳手等简单工具以及无人机进行检查，记录所检查项目的缺损类型，估计缺损范围及养护工作量并提出相应维修措施建议。

> **❗ 注意事项**
>
> - 使用无人机辅助巡查时应遵守《无人驾驶航空器飞行管理暂行条例》的相关规定。

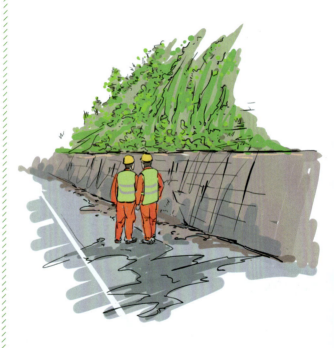

检查频率

高速公路土建工程经常检查可与日常巡查合并进行，检查频率如下表所示。

设施类型		检查频率
涵洞		1次/季度
隧道		1次/月
桥梁	结构物	1次/月
	支座	1次/季度
高边坡、高挡墙		1次/季度
交通安全设施		1次/月

机电设施日常巡查

序号	项目	巡查内容
01	监控设施	观察车辆检测器、气象检测器、闭路电视监控系统、可变标志、道路视频交通事件检测系统、交通情况调查设施、监控(分)中心设备及软件、大屏幕显示系统、监控系统计算机网络运行状态,判断是否存在外观破损、声响、过热、气味、放电等异常现象
02	通信设施	观察同步数字体系(SDH)光纤传输系统、IP网络系统、波分复用(WDM)光纤传输系统、固定电话交换系统、通信电源系统外观及运行状态,判断是否存在外观破损、声响、过热、气味、放电等异常现象,巡查井内接头外观情况、积水情况
03	供配电设施	观察变压器、高低压配电柜及变配电室内相关设备的外观及运行状态,判断是否存在外观破损、声响、过热、气味、放电等异常现象

续上表

序号	项目	巡查内容
04	收费设施	观察广场治超系统、ETC车道软件、混合车道软件、ETC门架系统、站级服务器、车道工控机、收费站设备及软件、收费中心设备及软件、IC卡发卡编码系统、内部有线对讲及紧急报警系统、闭路电视监控系统、收费系统计算机网络及其他主要收费设施设备外观及运行状态,判断是否存在外观破损、声响、过热、气味、放电等异常现象,并观察是否存在基础失稳、立柱和连接件锈蚀、歪斜、变形等情况
05	照明设施	观察道路、收费广场及收费车道照明设施的外观及运行状态,判断是否存在灯具外观破损、闪烁等异常现象,并观察是否存在基础失稳、杆件锈蚀、歪斜、变形等情况
06	隧道机电设施	观察照明、通风、消防、监控设备的外观及运行状态,巡检隧道内各种监控设备、信息采集和发布设备、监控室各类监视设备的外观和主要功能,判断是否存在外观破损、声响、过热、气味、放电等异常现象,并观察是否存在基础失稳、立柱和连接件锈蚀、歪斜、变形等情况

2.4 机电设施日常巡查

巡查内容

主要巡查监控设施、通信设施、收费设施、供配电设施、照明设施、隧道机电设施等是否处于正常工作状态,是否存在外观及功能异常,对异常情况做好记录,以便进一步检查和检修。

❯ 巡查频率

日常巡查要求 1 次 / 天（收费设施按 1 次 / 班）开展。

❯ 巡查方式

可采用人工与信息化手段相结合的方式实施。

巡查发现异常情况时，应予以报告并做好记录。

- 巡查发现异常情况，必要时应进行拍照和摄像。

2.5 其他巡查
雨季巡查

- 雨季巡查原则上应结合汛前、汛期、汛后的日常巡查工作同时开展，宜根据雨季持续时间长短及汛情严重程度适时调整巡查次数。

- 每年雨季前须针对路基防护、排水设施、边坡等开展全面排查。以桥墩防护、桥下排水设施、路基、涵洞、边沟等排水系统的阻塞情况、边坡松动及路面损坏为重点。

冬季巡查

> 冬季应重点加强对易结冰的桥面、弯道、隧道口、上下坡等路段的巡查,及时发现影响道路交通的事件。

夜间巡查

- 夜间巡查应重点检查各类标志、标线、突起路标、线形诱导标、灯具、可变信息标志、隧道反光圈、各类夜间被动反光设施的反光效果。

- 对于有特殊照明需求（功能性及装饰性照明、航空航道指示灯等）的桥梁也应开展夜间巡查。

- 夜间巡查频率不低于 1 次 / 周。

灾后巡查

> 台风、暴雨、地震等自然灾害或其他异常情况发生后,应及时开展灾后巡查,检查沿线设施受损以及影响道路运行安全的情况。

路产巡查

- 应对所辖道路路产损坏、侵害、占用等情形进行巡查检查;对非公路养护类的涉路施工进行检查。

- 路产巡查可与日常巡查、经常检查合并进行和记录,涉及桥下空间、涵洞、隧道的路产巡查频率不低于1 次 / 月。

日常保洁 3

3.1 土建工程日常保洁　　　　　　050

3.2 机电设施日常保洁　　　　　　056

土建工程日常保洁

序号	项目	保洁内容	保洁要求
01	路基	清捡路肩、坡面、碎落台等路基范围内的垃圾、杂物	路肩、边坡无垃圾异物；边沟、排水沟等排水设施无淤塞，排水畅通
02	路面	清扫路面泥土杂物、污染物、散落物等；垃圾清运处理	全线（包括收费广场）路面整洁，无垃圾异物，路面无积雪、积水
03	桥梁涵洞	清洁桥面的积水、泥土、垃圾杂物等，清洁栏杆、护栏、交通标志标线以及安全设施等；清理桥梁泄水孔、集水管、伸缩缝的泥沙或垃圾杂物；清洁墩台、基础等表面的青苔、杂草、灌木和污染物	桥梁伸缩缝无垃圾或泥沙；桥面和护栏干净整洁，泄水孔等排水设施无堵塞

续上表

序号	项目	保洁内容	保洁要求
04	隧道	清洗隧道内路面、侧墙、洞门、内装饰等；清洁隧道内标志、标线和轮廓标	隧道墙体整洁，路面干净无积水，通道无堆积物；隧道内排水设施无淤积，排水顺畅；隧道内各类标志标线清晰
05	交通安全设施	清洁交通安全设施（包括标线、护栏、防落网、刺铁丝、隔离栅以及3m以下的标志标牌等）上影响视认性和功能的外观污渍和杂物	交通标志牌、标线等设施干净整洁，表面无泥尘、贴纸、污渍，无遮挡；护栏设施干净整洁，无明显污渍；避险车道制动床集料平整、无杂物、无污染

3.1 土建工程日常保洁

- 土建工程日常保洁主要为路域范围内路面清扫，垃圾清运处理；标志标牌、防眩设施、护栏、护墙、隧道壁等清洗；伸缩缝、泄水孔清理等所有路域内保洁工作。

❗ 注意事项

- 机械清扫作业前应确保清扫车辆车况及安全警示标志正常。

- 人工保洁作业时应面向来车方向,随时观察来车动态,发现险情及时避让。

- 意外事件造成路面污染时,应及时清扫。

- 沥青路面被油类物质或其他化学品污染时,应撒砂、木屑或采用化学中和剂处理后进行清扫,影响行车安全时,应采用水冲洗干净并进一步处理。

❗ 注意事项

- 对于危险化学品污染路面的事故,作业人员应在安全区域等候,不得盲目靠近事故现场,待有关部门进行无毒无害化处理后方可进入现场。

机电设施日常保洁

序号	项目	保洁对象
01	监控设施	各类检测器探头、控制箱、可变标志、中心大屏幕显示器等
02	通信设施	通信站内设备[含分叉复用设备（ADM）、光线路终端（OLT）、光网路单元（ONU）、交换机、路由器、防火墙、通信电源等]、配线架及机柜等
03	收费设施	各类控制箱、配电箱，各类传感器、采集仪，各类执行器、信息显示屏、雾灯、计重设备、超限检测设备等
04	供配电设施	变（配）电所内电力设备、箱式变电站、外场配电箱、插座箱、控制箱

续上表

序号	项目	保洁对象
05	照明设施	控制箱、各类灯具设施
06	隧道机电设施	各类控制箱、照明及通风设施、消火栓及水泵接合器、灭火器、火灾报警设施、水喷雾控制阀及喷头、气体灭火设施、电光标志、各类检测仪、摄像机、有线广播（功率放大器及扬声器）、可变标志、紧急电话、横通道门、交通控制和诱导设施、控制器（箱）、光端机、交换机等

3.2 机电设施日常保洁

- 机电设施清洁维护应保持设备外观干净、整洁、无污垢，并保证机电设施完好。

- 机电设施采用湿法清洁时，应注意保护人员安全和机电设施内部电气元件安全，并应防止液体渗入设施内。

- 机电设施采用干法清洁时，应采取必要的降尘措施；对清扫不能去除的污垢，经判别可用湿法清洁时，可用清洁剂进行局部特别处理。

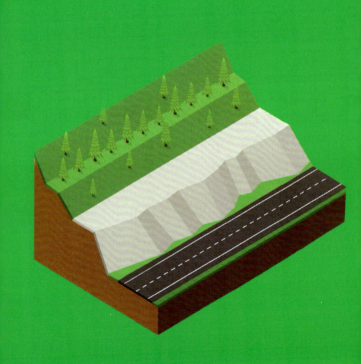

路基 4

4.1 清理疏通排水设施	062
4.2 清理零星塌方	064
4.3 土质边坡日常维修	066
局部塌方处治	066
冲沟处治	070
边坡开裂或轻微沉陷处治	072
4.4 岩质边坡日常维修	074
柔性防护网维护	074
喷播绿化	076
4.5 防护和支挡结构日常维修	081
挡土墙轻微裂缝修补	081
挡土墙局部缺损修补	082
砌体护坡局部缺损修补	083
4.6 排水沟损坏修复	085

路基日常养护

序号	作业对象	作业内容
01	路肩维修	修补路基缺口,修补路肩缺口和裂缝等轻微病害,修补路肩墙局部损坏;修整路肩坡度,整修路缘石
02	边坡维修	修补坡面冲沟,修理护坡、防护网、绿植等坡面防护的局部损坏
03	排水设施维修	修复排水设施的轻微损坏
04	防护及支挡结构物维修	处理结构物的表观破损和轻微局部损坏

续上表

序号	作业对象	作业内容
05	路基维护	清理和疏通边沟、截水沟、集水井、泄水孔等排水设施;清理路肩和坡面杂草,清除零星塌方
06	其他	整修绿化平台、碎落台

4.1 清理疏通排水设施

> 清理疏通排水设施应保证路肩、边坡无垃圾异物；边沟、排水沟等排水设施无淤塞，排水畅通。

❶ 注意事项

- 高边坡排水设施清理应由上至下进行，严禁上下同时作业。

- 当排水设施垂直高度过大时，作业人员必须系安全绳。

4.2 清理零星塌方

❗ 注意事项

- 开挖工作应与装运工作面相互错开,严禁上下双重作业。

4.3 土质边坡日常维修
局部塌方处治

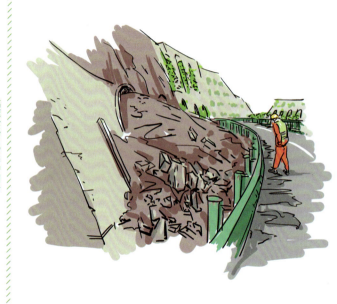

> **清理**

清理塌方面松散土方至坡面稳定,清理过程中遵循从上到下原则。

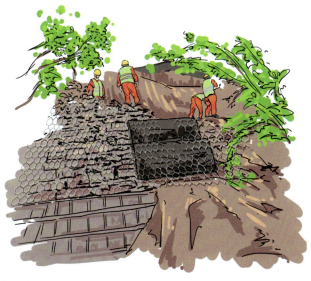

🟢 加固

采用回填夯实方法时,在稳定面上开挖成阶梯状,然后分层回填土方,并分层夯实。夯实后的坡面要稍大于原有的坡面,以便修整后与原坡面衔接平顺。边坡整平后恢复边坡绿化。

土方含水率大的局部塌方情况,可采用回填沙包或植生袋、加设格宾石笼等方法处理。

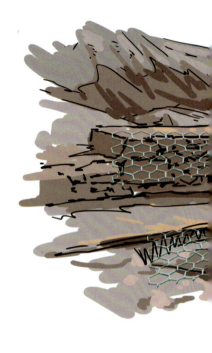

❗ 注意事项

- 坡面上作业须及时清除松动的土、石块等,严禁在危石下方作业、休息和存放机具。

冲沟处治

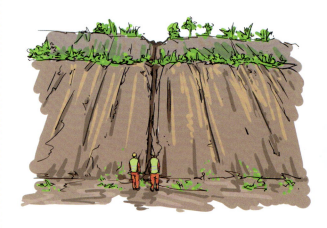

- **清理**
  清理冲沟和缺口松散土体。

- **填塞**
  用黏结性良好的土及时填塞夯实,或用土袋分层填实处理。

施工

较大的冲沟和缺口,可按局部塌方处治工艺施工。

边坡开裂或轻微沉陷处治

- 边坡出现宽度小于 0.5cm 的开裂或沉陷，但坡体比较稳定时，可采用黏性土填塞夯实，填塞时应采用钢钎等细长工具分次进行。

- 边坡出现宽度大于 0.5cm 的开裂时，宜开挖修补，处理时先沿裂缝挖宽、挖深，宽度以人工、机械方便操作为限，深度以挖到看不见裂缝为止，开挖的沟槽两侧须坚实、平整；采用水泥砂浆、细料式贫混凝土进行灌补，并在顶部做成鱼背形。

遇有边坡坡度不陡于 1∶1.5，且边坡只有表层出现横向开裂和沉陷时，可采用在边坡上分排打入长 2～4m、直径约为 10cm 的木桩或钢管桩进行稳固，通过坡面植草恢复绿化。

4.4 岩质边坡日常维修
柔性防护网维护

- 防护网锚钉出现锈蚀时，应进行防腐处理。网材锈蚀严重的，应更换防护网，必要时完善边坡排水。

- 被动式柔性防护网出现紧固部位锚栓松动或立网变形时，应立即更换或增设。

- 柔性防护网重新铺设前应清除破碎、松动的石块。新老柔性防护网的搭接宽度不宜小于 0.3m，必要时可增设锚杆，对柔性防护网加强固定。

- 柔性防护网内落石汇集或积渣外鼓的，应及时清除网内落石、碎渣，必要时可增设锚杆加固。

喷播绿化

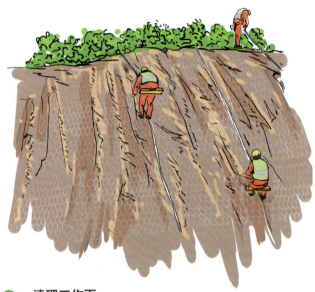

- **清理工作面**
  由人工清理坡面浮石、浮土及细小沟壑等,保证坡面倾斜一致、平整,无大的石块突出或其他杂物存在。

- **挂网**
  先按一定的间距固定锚钉,然后挂镀锌铁丝网。

> **客土喷播**
> 可采用泥炭土和木纤维（或纸浆）混合物在坡面上进行喷播，一般喷播厚度宜为 2～10cm。

喷播草籽

所喷播的草籽应是根系发达、生长成坪快、抗旱、耐贫瘠的多年生品种；如当地冬季寒冷，还应考虑品种的抗冻性。

> **盖布养生**
> 喷播完成后应及时用无纺布从上至下覆盖,交界处应重叠 20～30cm,并用铁丝或 U 形钉固定在坡面上。

> **养护**

天气晴朗、空气干燥时应及时浇水,以利于种子生长发育;浇水以雾状喷淋水为宜,避免水流冲击导致草籽移位而分布不均匀。

4.5 防护和支挡结构日常维修
挡土墙轻微裂缝修补

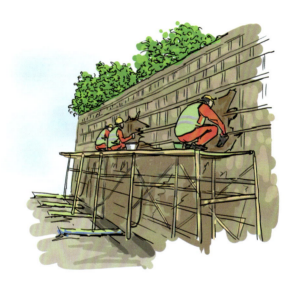

- 挡土墙出现大面积勾缝脱落或沉降缝损坏、轻度裂缝等病害,应及时对墙身勾缝修补、裂缝封闭处理。

- 墙身裂缝封闭处理前应清缝,封闭时可采用橡胶条等材料直接人工填塞。

挡土墙局部缺损修补

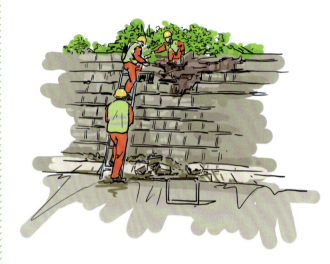

- 凿除破损位置的砌石或松散混凝土,修整干净待处治界面。

- 重新砌筑砌石或嵌补水泥混凝土材料。

砌体护坡局部缺损修补

- 先将损坏部位的碎料、杂物清除；砌筑前下层土要先进行夯实，然后再加铺 10cm 碎石垫层或砂垫层，摊铺应平整密实。

- 在作业面底部填铺 M10 水泥砂浆，选择石料进行试放，较大石料的大面为底，较宽砌缝用小石块填塞。放置好后用橡胶锤击打石料挤浆，将砌缝砂浆挤紧，不留孔隙。

- 砌筑时注意砌缝互相交错、交搭，砂浆采用钢钎捣实。

- 砌筑完毕采用砂浆勾缝，将表面抹平。

4.6 排水沟损坏修复

- 清除原破损水沟沟帮混凝土,用冲击钻打孔预埋钢筋。

- 确认支模牢固,浇筑混凝土待养生拆模。

- 清除现场作业垃圾。

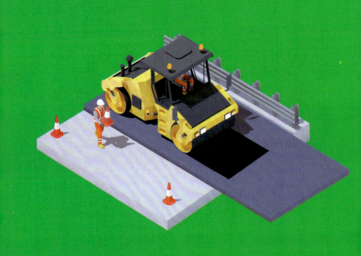

路面

5.1 沥青路面   089
  贴缝   089
  开槽灌缝   094
  挖槽回填   103

5.2 水泥路面   112
  接缝填缝料更换   112
  局部坑洞修补   116

路面日常养护

序号	作业对象	作业内容
01	沥青路面维修	处理沥青路面的泛油、拥包、裂缝、松散、坑槽、龟裂等病害
02	水泥路面维修	日常接缝护理,填缝料更换,裂缝密封,局部修补路面板块的坑洞病害;刻槽
03	路面维护	清除局部积水、连续长度1km 以内的路面积冰、积雪等;清除零星油污污染

5.1 沥青路面
贴缝

▶ **裂缝清理**

用扫帚和钢丝刷清扫裂缝及边缘灰尘，用高压吹风机吹净裂缝内及裂缝周围 20cm 范围内的杂物及灰尘。

气温低于 10℃或裂缝内壁潮湿时，需对裂缝进行加热烘干，采用加热喷枪预热裂缝边缘部位。

安装贴缝带

沿裂缝走向粘贴贴缝带,同时用橡胶滚轴(或橡胶锤)进行碾压,保证贴缝带与路面粘贴紧密。

如遇不规则的裂缝,可用剪刀将贴缝带切断,按裂缝走向跟踪粘贴,在贴缝带结合处需进行重叠,重叠长度应为 8 ~ 10cm,但重叠不能超过两层。

❗ 注意事项

- 采用热粘式贴缝带时应配备加热工具。

- 加热时应做好现场防火管理。

◆ 碾压后开放交通

在贴缝完成后应进行外观检查,表面是否平整、贴缝带与路面黏结是否紧密,有无气泡鼓包。

贴缝完成后养生 15min 开放交通。

❶ 注意事项

- 施工环境温度应高于 5℃,在路面表面干燥状态下施工。

- 铺设贴缝带后宜使用橡胶滚筒等进行滚压。

开槽灌缝

▶ 预热灌缝胶

启动密封胶加热设备，当加热至适宜温度后（具体加热温度应参考密封胶产品技术说明），启动沥青搅拌器对密封胶进行搅拌，以保证密封胶受热均匀。

> **❗ 注意事项**
>
> - 密封胶加热温度必须严格控制，不得超过规定的加热标准。

⊙ 扩缝

采用开槽机沿着裂缝位置进行开槽处理,开槽宽度 × 深度宜为 12mm×12mm、12mm×15mm、12mm×18mm、15mm×15mm、15mm×20mm。

❗ 注意事项

- 作业前应详细检查切缝机刀片夹板的螺母是否紧固,各联结部位和安全防护罩是否完好正常。

- 切缝前应先打开冷却水,冷却水中断时应停止切缝。

- 停止切缝时应先将刀片提离路面后方可停止运转。

❯ 清缝

用扫帚进行清扫，必要时采用钢丝刷清刷裂缝边缘灰尘，用高压吹风机吹净裂缝周围和裂缝内的杂物及灰尘。

气温低于 10°C 或裂缝内壁潮湿时，需对裂缝进行加热烘干，采用加热喷枪预热裂缝边缘部位。

> **❗ 注意事项**
>
> - 开槽边缘应无明显的杂物灰尘，槽边缘无松动脱落部分，裂缝内部干燥。

灌缝

使用灌缝机将预热完毕的密封胶灌入裂缝,灌缝方向由低向高,应控制喷枪拖动速度保证灌缝均匀一致,避免漏灌和填缝料外溢。

如有漏灌现象则人工及时补齐。若填缝料外溢流淌,影响路面平整度与路容时应予以清除。

❶ 注意事项

- 严禁在灌缝机车辆行驶过程中加注或加热灌缝材料。

- 施工时环境温度应不低于 5℃。

- 完成后的填缝作业面宽度宜为 50mm 且高于路面 1.5～2.5mm。

> **开放交通**

灌缝结束待密封胶完全冷却15min后开放交通。

为了提前开放交通,减轻养护作业产生的交通压力,在灌缝密封胶上可均匀撒布少量细砂,防止密封胶粘轮。

挖槽回填

> **准备工作**
>
> 估算病害开槽的面积和深度,检查施工机械设备,确保设备运转正常。病害修补轮廓线应在表观确定的病害破损边界扩大 10 ~ 15cm。

⊙ 切缝开槽

坑槽病害修补形状按照"小洞大补、圆洞方补、斜洞正补"的原则确定,其边线应与路面中心线平行或垂直。

使用切缝机沿划定范围进行切缝,并采用风镐或小型挖掘机将划定范围内材料凿除。开槽应开到层位稳定部分,槽壁要垂直。

界面清理

使用高压吹风机清理修补界面,待修补槽面和槽壁要干净、无杂物和浮灰、无松动集料,槽底无龟裂、唧泥和渗水现象;出现潮湿槽面时要烘干。

> **涂刷黏层油**
>
> 在干净的槽底和槽壁上刷一薄层乳化沥青黏层油,但注意不能形成黏层油堆积,用量控制在 0.3~0.6kg/m²。槽壁涂刷黏层油后可再粘贴贴缝带,以增加黏结和防水效果。

❯ 回填沥青混合料

将热拌沥青混合料摊铺至坑槽中,用铁耙耙平混合料,确保表面粗细料均匀无离析;坑槽四周接缝位置宜用细料填充。

单层处治厚度不超过 4cm,分层填筑的中下层厚度可适当调整,根据坑槽体积按 1.2 ～ 1.3 的松铺系数确定回填混合料用量。

压实

采用小型压路机及时压实,碾压遵循"先四边、后中心,先静压、后振压"的原则,一般静压1遍,振压3遍;静压1遍后,对缺料部位应补充新料即可碾压,禁止碾压多遍后补充新料。

坑槽接缝处应骑缝碾压。

🟢 封边

压实后使用灌缝设备沿着接缝处进行封边,形成具有一定宽度的密封带。封边工艺要求与裂缝灌缝处治一致。

❗ 注意事项

- 雨季期间,沥青路面坑槽面积小于 $3m^2$ 的病害,或难以用热拌沥青混合料修补的病害,可用冷补料进行临时修补,待天晴后及时用合适材料更换修补。

- 利用风镐挖除旧路面时,应根据病害的严重程度决定挖掘的深度。因基层强度不足引起破坏的,必须处理到基层,完成基层维修后再进行路面修补。

5.2 水泥路面
接缝填缝料更换

> **清缝**

宜用锯片、清缝机将旧料清除,注意不伤及接缝两侧的旧混凝土;清理时扩缝形成"T"形密封槽,槽宽宜为 10mm,深度宜为 10~20mm。

用高压吹风机吹净扩缝后缝内的杂物及灰尘。

填缝

将背衬条平放在接缝上方,用工具把背衬条压入缝内;背衬条需搭接时,接头应紧密不重叠。

利用灌缝机将加热后的填缝材料灌入接缝,灌缝工艺与沥青路面灌缝相同。

> **养生**

填缝结束待填缝料完全冷却 15～30min 后开放交通。

❗ 注意事项

- 填缝料灌注高度应"夏平、冬低",夏天应与板面齐平,冬天应为凹面。

- 填缝应饱满、均匀、厚度一致并连续贯通,填缝料不得缺失、开裂和渗水。

- 使用多组分常温式填缝材料施工需封闭交通,确保养生充分。

局部坑洞修补

> **切缝、凿除混凝土**
> 确定施工尺寸，切槽、凿除原破损处混凝土，并扫净吹干。

涂刷黏结剂、浇筑混凝土

在坑槽面均匀涂刷一层黏结剂；按原混凝土强度等级配制混凝土，并掺加早强剂，填入拌好的混凝土，振捣出浆；喷洒养生剂，待混凝土强度达到要求后开放交通。

桥涵

6.1 桥面伸缩缝清理   122

6.2 桥面泄水孔清理   123

6.3 涵洞清理疏通   124

6.4 伸缩缝橡胶条更换   126

6.5 伸缩缝破损修补   128

桥涵日常养护

序号	作业对象		作业内容
01	桥面系维修		处治桥面铺装病害;修复伸缩缝局部轻微损坏,更换橡胶条,紧固锚固螺栓;修复小型构件(栏杆、灯柱)、标志标线、安全设施、排水设施等;构件涂漆防锈
02	桥梁上部结构维修	钢筋混凝土、预应力混凝土梁桥、拱桥	修补混凝土构件局部破损、露筋,恢复构件耐久性
		上跨桥(含人行桥)	防抛网局部除锈、防锈处理;螺栓紧固;人行道路缘石修补、复位
		钢桥(含钢-混组合梁)	局部除锈、油饰、螺栓紧固和润滑等
		支座	恢复防尘罩,组合式钢支座除锈、涂油、锚栓紧固

续上表

序号	作业对象		作业内容
03	桥梁下部结构维修	墩台	混凝土墩台：修补表面混凝土破损、露筋、蜂窝、麻面 圬工砌体：修补砌块勾缝及边角破损；清理杂草，保持泄水孔通畅
		基础	修复露筋、锈蚀、局部冲刷等
		锥(护)坡、翼(耳)墙	修复修补砌块勾缝及边角破损等
04	涵洞维修		修补局部铺砌破损；恢复圬工砌体勾缝等
05	桥涵维护		清理疏通桥梁排水系统；清除支座周围垃圾杂物等；清理桥梁下违章建筑、广告牌、堆积易燃物、堆积弃方等，改迁非法附着的管线 清理涵洞口杂物、洞内淤积和杂物、洞内排水明沟

6.1 桥面伸缩缝清理

- 桥梁伸缩缝须及时清理,保证伸缩缝的功能。

6.2 桥面泄水孔清理

> 雨季前须及时清理桥梁泄水孔中的杂物,有落水管的泄水孔要将杂物掏出。

6.3 涵洞清理疏通

- 涵洞清沙、清淤工作每年雨季前至少进行一次，以确保涵洞排水通畅。

❗ 注意事项

- 涵洞清理淤泥时,应确保涵洞通风良好,在涵洞里作业时间不宜超过 1h,需要分班组轮流施工。

6.4 伸缩缝橡胶条更换

- 首先对损坏的橡胶条部位进行加热处理,使橡胶条与伸缩缝型钢自行脱离。

- 将损坏的橡胶条抽出,再对伸缩缝型钢内的垃圾杂物及残留的橡胶条进行清理。

- 清理完毕再用润滑油脂均匀涂抹钢梁两侧凹槽,将准备好的新橡胶条平放于安装位置。

- 将橡胶密封带伸展后平顺放置于型钢缝隙中,利用夹具将橡胶条两侧嵌入型钢凹槽。

- 橡胶条安装应平整,长度适当,并做到整洁,外表美观、顺畅。

6.5 伸缩缝破损修补

- 用冲击钻等工具破除损坏、剥落的保护带混凝土，露出坚硬密实的基面。

- 对工作面混凝土凿毛，若钢筋锈蚀，应进行除锈处理。表面缺损较小且不露筋的，可采用环氧聚合物砂浆修补。

- 重新安装保护带位置的钢筋,采用高压吹风机彻底清理界面后,现场拌和高强快凝混凝土进行浇筑。

- 新补的高强快凝混凝土要密实,与原结构结合牢固、表面平整,浇筑时须充分振捣。

- 施工时应注意避免对桥面的污染，及时用塑料布覆盖保护施工场地，及时清运施工垃圾。

- 抹面应保证混凝土表面光滑平整、无气泡。

- 清理施工场地，养生完毕后正常通车。

隧道 7

7.1 隧道内装饰清洁 136

7.2 隧道路面、标志标线、轮廓标清洁 137

7.3 隧道排水设施清疏 138

隧道日常养护

序号	作业对象		作业内容
01	土建结构	洞口边仰坡	及时清理坡面危石;修复失效坡顶截、排水设施
		洞门	及时清理端墙背部、明洞顶部落石;修复端墙背后、明洞顶部受损排水设施;恢复因水土流失导致的明洞顶部覆盖层厚度
		衬砌	修补裂损混凝土、衬砌局部渗水
		路面	修补路面坑槽;处理渗漏水
		防排水设施	修复缺损的边沟盖板
		检修道	修复缺损的检修道盖板

续上表

序号	作业对象		作业内容
02	其他	消防设施	维修、更换消防洞室内的灭火器、消防带等消防设施
		应急系统	维修、更换应急电话等报警设施
		内衬装饰	维修、更换内装、瓷砖镶面等
		交通安全设施	修复缺损的标志标线以及锈蚀构件
		附属设施	修复洞口限高门架、隧道铭牌等附属设施
03	隧道维护		清理疏通隧道内排水设施；定期清理横通道杂物和积水；定期清除斜井、检修道及风道等辅助通道的异物；内装饰、路面及标志标牌清洁

7.1 隧道内装饰清洁

- 清洗作业时需要临时封闭道路。

- 宜以机械清洗为主,人工作业为辅;人工清洗应先用高压水枪冲洗,再用抹布、拖把擦洗,最后高压水枪再冲洗一遍。

7.2 隧道路面、标志标线、轮廓标清洁

- 隧道清洁应保证路面干净无积水、通道无堆积物，隧道内各类标志标线清晰。

- 路面清洗宜以机械清扫为主，人工捡拾为辅。

7.3 隧道排水设施清疏

> 隧道排水设施清疏应保证无淤积,排水顺畅;在汛前、汛中、汛后及极端降雨天气后,应及时检查并疏通。

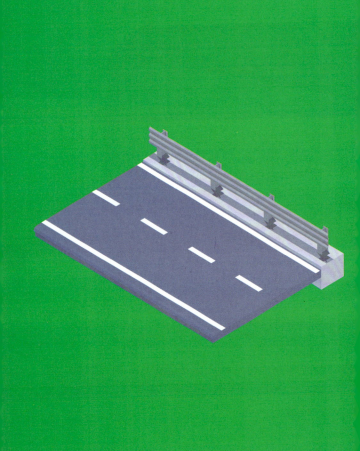

交通安全设施

8.1 标线补划　　　　　　　　　143

8.2 波形梁护栏更换　　　　　　146

8.3 混凝土护栏修补　　　　　　152

交通安全设施日常养护

序号	作业对象	作业内容
01	交通安全设施维修	修复各类安全设施表观破损、变形、锈蚀以及个别缺损，重新油漆；矫正交通标志和视线诱导设施朝向、倾斜的标志和立柱构件；补划和修复局部缺失的标线、突起路标；紧固和补装各类设施上的连接件和紧固件；张拉松弛缆索；处理其他影响交通安全设施功能的损坏或缺陷
02	交通安全设施维护	清理交通安全设施基础和埋置位置的杂草和杂物；修剪遮挡交通标志和视线诱导设施的植物树枝等；避险车道集料的平整、翻松；清理避险车道制动床杂草或杂物，疏通避险车道边沟等排水设施

8.1 标线补划

- **铣刨旧标线**

  施工前使用专门的除线机铣掉原有的残线。

- **界面处理**

  按原标线位置准确放线。根据已放好线形均匀地用人工或机喷方式涂刷底漆于路面上,以增强黏结力。

- **重新补划**

  根据放线位置将加热后的热熔涂料用划线机按原标线宽度均匀喷涂。喷涂时保持匀速,不得出现凹凸不平或线形扭曲现象。

❶ 注意事项

- 划线机具、易燃涂料等都属于危险性的器具和材料，应指定专人负责、熟悉使用中的安全事项。

- 涂料倒斗、施划时，作业人员要预防高温烫伤。

- 标线材料采用热熔型反光涂料。热熔型反光涂料的厚度为 1.5mm(边缘线)、1.8mm(车道分界线)、振动标线厚度为 6±0.2mm。涂料中应混合 18%～25% 的玻璃微珠。

- 在喷涂时,普通热熔标线表面应均匀撒布 0.3kg/m² 的玻璃微珠,减速振动标线表面应均匀撒布 0.5kg/m² 的玻璃微珠。

8.2 波形梁护栏更换

> **拆除**
>
> 先拆除已损坏的波形梁钢护栏，作业完毕后集中运走。

立柱安装

先将原立柱位置路基填充压实。采用打桩机将立柱按确定位置打入路基中,施工时应确保立柱线形顺适。

当采用挖孔法安装立柱时,应人工先将孔位的路基填土挖除,安装好立柱后再按设计要求浇筑混凝土基础,待混凝土初凝后恢复路基填土。

护栏安装

立柱安装后,通过连接螺栓将立柱、防阻块和波形梁钢护板进行固定,波形梁钢护栏板通过拼接螺栓相互拼接。

波形梁钢护栏的连接螺栓及拼接螺栓不宜过早拧紧,以便安装过程中及时调整。护栏板线形应与道路线形相一致,调整护栏板线形符合要求后,再拧紧螺栓。

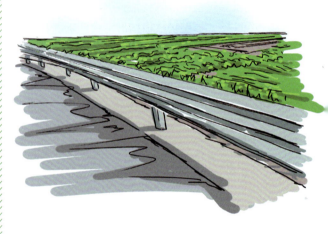

清理现场

施工完毕后,将作业现场的损坏件及垃圾清理干净并运离现场。

❗ 注意事项

- 立柱应避开横穿道路的电缆、管道及横向排水管等设施。

- 施工作业时拆除和更换的材料(如波形梁护栏板、立柱等)应摆放整齐,防止伸入通行车道。

8.3 混凝土护栏修补

凿除损坏部位

根据护栏损坏情况确定并划出修补范围,人工采用切割机进行切缝,使用风镐等工具将损坏的护栏凿除并清理干净修复界面。

❯ 绑扎钢筋

按原设计图进行钢筋绑扎,确保钢筋保护层厚度;钢筋搭接长度应满足设计及规范要求。

模板安装

模板安装时应确保牢固,接缝处用双面胶或海绵进行密封,以防漏浆。

混凝土浇筑及拆模

现场使用搅拌机拌和或预拌混凝土。将拌和好的混凝土倒入模板内,并用振捣棒振捣密实;混凝土终凝后即可拆除模板,拆除时注意防止边角损坏。

> **养生**

采用棉毡等洒水覆盖养生,待混凝土强度达到设计要求后结束养生。

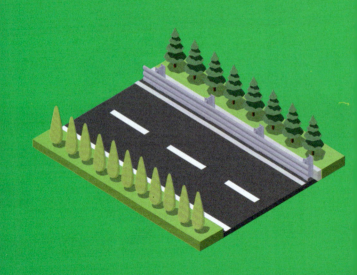

绿化

9.1 绿化浇水	161
9.2 绿化修剪	164
除草、草坪修剪	164
乔木修剪	166
灌木修剪	168
中央分隔带修剪	169
9.3 绿化补种	170

绿化日常养护

序号	作业对象	作业内容
01	绿化清理	清理徒长枝、病虫枝、枯枝、伤损枝；清理残花枯叶；除草；清除侵害性树种
02	绿化保养	浇水、修剪、施肥、有害生物防治、防寒、防冻
03	绿化栽植	行道树和花草补植、移栽

9.1 绿化浇水

> 浇水应根据不同绿植生物学特性、生长龄期、季节气候、土壤干湿程度等因素确定，做到适时、适量、不遗漏，每次浇水要浇足浇透。

> ❗ **注意事项**

- 夏季高温季节宜早晚进行浇水作业,冬季宜午后进行。

- 浇水时间还应考虑具体路段的车流量及天气状况,避免车流量高峰期及低能见度天气上路作业。

- 中央分隔带绿化浇水宜选择上坡方向作业。

9.2 绿化修剪
除草、草坪修剪

> 一般每年应人工拔除地被植物杂草 1 次以上，清除草坪杂草 2 次以上，最后一次除草应在杂草开花结实之前完成，草坪经除杂修剪后高度要保持在 15cm 以内。

❗ 注意事项

- 机械修剪前必须检查割草机具的防护罩、油路、刀片等，确认机具状况良好方可使用。

乔木修剪

- 乔木修剪应根据不同树种生长特点确定修剪时间,避免剪掉花芽。

- 修剪应保持树冠和冠幅完整美观,主侧枝分布均匀,内膛通风透光,主要修剪内膛枝、徒长枝、下垂枝、萌生枝、病虫枝和枯死枝。

❗ 注意事项

- 枝叶修剪应注意把握好修剪的安全距离,防止飞溅物对人员及过往车辆造成伤害。

- 高枝修剪应注意枝条落下的位置,避免砸伤。

灌木修剪

- 灌木修剪应考虑每种植物生长特点,既造型美观又能适时开花。

- 花灌木须在花芽分化前进行修剪,且花谢后宜尽早剪除残花老枝。

- 造形灌木修剪应保持外形轮廓清楚,枝叶茂密。

中央分隔带修剪

- 中央分隔带绿植修剪应考虑防眩功能,按设计高度和视距要求定期修剪,高度控制在 1.65～1.80m 之间,植物侧面冠幅应不超出护栏。

9.3 绿化补种

苗木准备

选苗：补种绿化遵循"因地制宜、适地适树"的原则；补栽乔木应杆形通直，树冠完整匀称，无折断折伤，树皮无损伤，土球完整，无病虫害。补栽灌木应冠幅完整、匀称，土球完整，无破裂或松散，无病虫害。

装运：苗木的装车、运输、卸车等各项工序，应保证树木的树冠、根系、土球的完好，不应折断树枝、擦伤树皮或损伤根系。

❯ 清除枯死绿植及挖坑

清苗：补种作业前，先将枯死绿植挖除，集中堆放，统一运走。

挖坑：以补植点为中心沿四周挖坑，坑的大小一般应比规定的根系及土球直径大 20～30cm，同时根据树种根系类别确定坑的深浅；土层干燥地区应在种植前用水浸树坑。

9 绿化

苗木种植

施肥:树坑开挖好后,沿坑四壁施肥,乔、灌木一般施肥数量为有机肥 0.5 ~ 1.0kg/ 株,袋苗一般施肥数量为 0.2 ~ 0.5kg/ 株。

栽种:将树苗散放于定植坑内。苗木种植应一边填土、一边轻提树干,以利土壤和土球根系较好地接触,然后扶正苗木、踩实土壤并围堰。

淋定根水：苗木栽种后 48h 内必须对苗木根部进行洒水，洒水时必须确保将苗木根部淋透。以后根据情况每隔 4～5 天淋水 1 次，直至成活。

立支架：淋水后须及时扶正歪斜苗木并踩实土壤，对乔木可在栽植后用支撑固定。

房建设施 10

10.1 清洁保养 181

10.2 设施维护 182

房建设施日常养护

序号	作业对象	作业内容
01	房建设施	包含屋面、墙面、地面、供用电、给排水、污水处理、太阳能、空调、照明、门窗等设备或设施的清洁、保养、维修、增补更换

- 开展各项设施及设备完损状况的检查,并填写巡查记录表。

- 保持各项设施及设备完好、齐全,设施服务功能、使用功能和安全满足设计要求。

10.1 清洁保养

- 清扫场地,清除场内杂物,清理疏通排水设施,保持设施区域内环境的整洁卫生。

10.2 设施维护

机电设施 11

11.1 监控设施 190
监控设施日常养护要点 190
车辆检测器及交通情况调查设备 192
气象站 193
监控摄像机 194
可变信息标志 195
监控中心显示设备 196
监控中心计算机网络设备及机柜 197
监控大厅、机房接地及等电位连接 198
监控中心系统软件 199

11.2 通信设施 200
光纤数字传输系统 200

11.3 收费设施 202
收费亭 202
自动栏杆机 204
车道控制器（控制机） 206
费额显示器 207

	电子不停车收费（ETC）路侧单元	208
	雾灯	209
	收费车道软件	210
	治超车道光栅车辆分离器及轮轴识别器	211
	计重称台	212
	摄像机	213
	不间断电源	214
	电子不停车收费（ETC）门架系统	215
11.4	**供配电设施**	**216**
	电力终端杆（塔）	216
	箱式变电站	218
	高压柜	220
	电力变压器	222
	低压配电柜	224
	母线	226
	应急备用电源及不间断电源	228
	柴油发电机组	230
	配电箱	232
11.5	**照明设施**	**234**
	高（中）杆灯	234
	天棚照明灯	236
	亭内照明灯	237
	照明配电箱	238

11.6 隧道机电设施   240

    闭路电视监视系统   240

    紧急电话与有线广播系统   242

    环境检测设备   244

    手动火灾报警系统   246

    自动火灾报警系统   248

    可变标志   250

    射流风机   252

    照明设施   254

    供配电设施   256

机电设施日常养护

序号	作业对象	作业内容
01	监控设施	监控中心设备与软件、监控外场设施以及线缆等配套设施的维护
02	通信设施	光纤数字传输系统、综合语音交换系统、通信电源以及通信管道、线缆等配套设施的维护
03	收费设施	车道控制器、费额显示器、收费岗亭及操作台的清洁,信号灯指示、栏杆机动作检查;车牌识别器护罩、补光灯清洁;设备外观完整性检查
04	供配电设施	变(配)电所内电力设备、箱式变电站、外场配电箱、插座箱、控制箱等外观及工作状态检查;供电线缆连接检查维护

续上表

序号	作业对象	作业内容
05	照明设施	照明设施自检情况、灯具完整性、灯杆基础外观完整性、发光情况的检查
06	隧道机电设施	照明、供配电、通风、消防、通信、监控设备的外观及运行状态检查

11.1 监控设施
监控设施日常养护要点

- 各类监控设施应现场针对设备和机箱外观及使用环境、箱体锁扣情况进行检查;检查设备固定、线缆标识及接地防雷设施状况等;处置简单的线路问题。

- 各类监控设施应检查实时数据及历史数据。

❶ 注意事项

- 雷雨天气不得开展检查作业。

车辆检测器及交通情况调查设备

- 对于线圈或地磁式车辆检测器,重点检查线圈或探头是否有外漏及破损情况。

气象站

- 通过人工浇水、临时遮挡等辅助手段简单测试部分采集单元功能状况。

监控摄像机

- 现场处置因接头松动及供电故障等导致的图像掉线问题。

- 监控室内检查实时图像画面质量及录像回放功能等。

- 对于绿色能源(太阳能及风光互补)供电设备,还应检查太阳能电池板朝向,目测结构安全性,检查蓄电池箱(井)环境,并通过控制器状态检查蓄电池及电能转化情况等。

可变信息标志

- 监控室内检查实时及历史发布信息。

- 通过控制箱主板测试按键检查板面信息显示情况。

监控中心显示设备

- 检查电视墙显示、切屏及大屏控制功能。

- 通过控制软件显示全屏单色,检查显示屏是否存在坏点及明显色偏等。

监控中心计算机网络设备及机柜

- 处置简单的机柜配电及设备供电故障情况。

- 通过设备及端口工作状态指示灯查看工作状态。

11 机电设施

监控大厅、机房接地及等电位连接

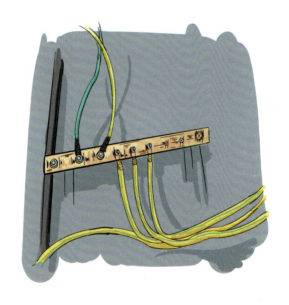

- 检查防静电地板下接地汇流排安装牢固情况,检查并紧固等电位箱、配电箱、操作台、机柜(架)、防静电地板支架等接地导线与接地汇流排的连接,检查并紧固接地汇流排至接地母线的连接等。

监控中心系统软件

- **监控中心数据管理软件**
  重点检查远端设备是否在线,采集数据是否上传,并检查历史数据信息及报表统计功能。

- **视频图像管理软件**
  重点检查图像在线率及画面观感指标;变焦及云台摄像机检查图像变聚焦、变倍及云台控制功能、录像时间及回放功能;视频交通事件检测系统检查报警信息及事件识别率。

11.2 通信设施
光纤数字传输系统

- 现场检查设备外观、接线标识及安装牢固情况。

- 检查设备状态指示灯有无异常告警指示。

- 处置简单的接口及传输问题等。

11.3 收费设施
收费亭

- 现场检查收费亭外观、门窗、锁扣、插销及反光标识情况。

- 检查收费亭内空调及照明设施功能,检查防静电地板的完整性及稳固情况等。

- 修补收费亭防护栏破损的反光标识。

自动栏杆机

- 现场检查设备安装稳定性及外观情况。

- 检查栏杆臂水平状态及反光标识完整性，检查栏杆机的运行状态和防砸功能，对转向机构加注润滑油。

❗ 注意事项

- 检查过程需封闭车道，并确保杆下无人和车时才能落杆。

车道控制器(控制机)

- 现场检查设备外观、接线及标识紧固性、规范性。

- 通过收费终端对设备运行状态情况进行检查。

费额显示器

- 现场检查设备安装稳定性及外观情况。

- 检查过车交易时设备显示信息及运行状态情况。

电子不停车收费（ETC）路侧单元

- 现场检查设备外观、安装情况及使用环境、运行状态，检查天线安装位置及角度，紧固松动的线缆接口。

- 收费亭内检查设备与车辆车载单元(OBU)读写功能。

雾灯

- 现场检查设备外观及使用环境、运行状态,检查设备基础是否牢固。

- 检查雾灯闪烁频率模式。

收费车道软件

> 现场检查软件登录状态、版本及有效期,并对传输软件日志和基本功能进行检查。

治超车道光栅车辆分离器及轮轴识别器

- 现场检查设备安装稳定性、外观及运行状态。

- 现场查看车辆分离及轮轴识别情况。

计重称台

> 现场检查称台稳定性和防尘胶垫（塞）密封情况及使用环境，紧固松动的线缆接口。

❗ 注意事项

- 检查过程中需要封闭车道。

摄像机

- 现场检查设备安装稳定性、外观、使用环境、锁扣情况及运行状态。

- 室内检查镜头角度、画面清晰度及录像时间等。

不间断电源

- 现场检查设备外观、使用环境及运行状态。

- 中断市电旁路,测试蓄电池供电时间。

- 测量设备外壳带电性,并检查设备供电参数是否符合要求。

电子不停车收费（ETC）门架系统

- 现场检查设备外观、使用环境及运行状态。

- 测量设备外壳带电性，紧固松动的线缆接口。

- 室内检查天线控制器状态及交易成功率，检查车牌识别及高清监控摄像机运行状态等。

11.4 供配电设施
电力终端杆（塔）

- 现场检查杆塔外观及使用环境。

- 检查拉线、接地及围挡设施情况；重点目测检查线缆、线夹、跳线、绝缘子及瓷横担等有无异常，检查跌落式熔断器、高压氧化锌避雷器及绝缘子串状态，并检查接地引下线色标及防腐状况。

> **❶ 注意事项**
>
> - 雷雨天气不得开展检查作业；非专业人员且未佩戴触电防护用品不得触摸或登杆检查。

箱式变电站

- 检查周边环境安全情况，清理周边杂草，检查隔离栅封闭情况，检查箱体结构外观和箱门锁具状态。

- 检查箱内环境及绝缘胶垫情况，检查基座及防鼠网、各室穿墙套管、线缆及母线外观，检查柜体完整性、挂牌、标识及工作状况、防雷接地连接情况等。

❗ 注意事项

- 雷雨天气不得开展检查作业。

高压柜

> **高压计量柜：**
> 检查计量仪表有无污染，计量是否准确。

- **高压隔离开关和负荷开关:**
  检查触头有无污染,接触是否紧密;检查灭弧装置是否烧损;检查操动机构有无污染;检查高压熔断器外观有无污染、烧伤痕迹;检查熔断丝是否熔断。

- **检查"五防"功能是否正常:**
  防止带负荷分合隔离开关;
  防止误分、误合断路器、负荷开关、接触器;
  防止误入带电间隔;
  防止接地开关处于闭合位置时关合断路器、负荷开关;
  防止在带电时误合接地开关。

❗ 注意事项

- 检查前按电工作业要求规范穿戴安全防护用品,并按相关操作规程安全作业。

电力变压器

- 检查围栏、钢丝网及警示标志牌是否完好,设备外观有无污染。

- 检查油浸式变压器是否有漏油情况。

- 检查接线端子外观有无异常,工作有无异响和过热,互感器、避雷器外观是否正常。

❶ 注意事项

- 检查前按电工作业要求规范穿戴安全防护用品,并按相关操作规程安全作业。

低压配电柜

- 检查断路器、引线接头外观;检查接触器有无机械卡塞,噪声是否符合要求,触头有无烧损痕迹,闭合是否紧密等。

- 检查熔断器、互感器外观,绝缘是否良好,外部接线是否断开;检查热继电器外观;检查二次回路端子排是否污染、接线是否松动;检查仪表显示及控制面板状态及信息。

❶ 注意事项

- 检查前按电工作业要求规范穿戴安全防护用品,并按相关操作规程安全作业。

母线

- 检查母线排周围安全环境；检查母线安装支架及绝缘子外观有无异常。

- 检查母线外观，如封闭绝缘材料有无破损；设有绝缘隔离胶垫的，应检查胶垫情况。

❗ 注意事项

- 检查前按电工作业要求规范穿戴安全防护用品。

- 注意安全距离，严禁触摸母线。

应急备用电源及不间断电源

- 检查设备（含电池柜）安装情况，外观、接线及控制面板状况，检查端子排接线情况及端子排面板。

- 通过控制面板检查设备输入、输出工作状态，供电电压及电池性能情况。

- 中断市电旁路，测试设备供电状况。

柴油发电机组

- 检查发电机室及储油间环境安全及消防设施情况；检查防小动物进入措施设置情况；检查发动机及发电机外观、部件及计量表，检查接线状况及接地措施。

- 检查启动装置外观、油量、计量表；检查燃料装置外观；检查散热器工作情况，油路及进、排气道是否畅通；检查减振及消声装置状况等。

- 测试市电停电时的机组自启动切换供电功能。

配电箱

- 现场检查设备和机箱外观及使用环境、箱体锁扣情况;检查箱内设备固定、线缆标识及接地防雷设施状况等。

- 检查箱内元器件固定、接线标识及工作状态等。

11.5 照明设施
高(中)杆灯

- 现场检查灯杆的金属构件防腐情况、紧固件防松措施及灯杆外观、焊缝的锈蚀情况。

- 测量灯杆垂直度,并对灯盘升降功能、机械强度、散热性能进行检查。

❶ 注意事项

- 灯盘升降操作需做好安全区域布控,注意防砸和灯盘坠落。

天棚照明灯

> 检查设备外观是否有明显的污染、损伤;检查并记录灯具故障或损坏的数量及位置。

亭内照明灯

- 现场检查设备外观、连接性及使用环境,检查并记录灯具故障数量,更换故障灯源。

照明配电箱

- 现场检查设备外观、指示灯显示状态、配电线路及防浪涌保护器工作状态、使用环境。

- 对故障的配电空气开关及防浪涌保护器进行更换。

11.6 隧道机电设施
闭路电视监视系统

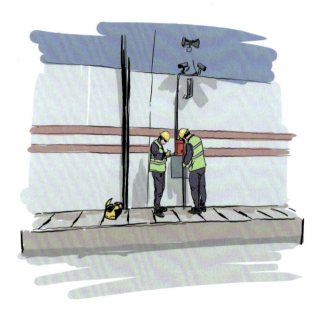

- 现场检查摄像机设备安装稳定性、箱体结构及外观，对配电线路及防浪涌保护器工作状态、使用环境进行检查。

- 对故障的配电空气开关及防浪涌保护器进行更换，检查修复摄像机网线及供电状况。

- 处置简单的供电及视频图像线路问题。

紧急电话与有线广播系统

- 现场检查设备外观及使用环境、锁扣情况。

- 监控室内检查通话质量、广播功能、与其他系统的联动控制功能。

- 处置简单的声音质量问题。

环境检测设备

- 现场检查设备外观、锁扣情况及使用环境。

- 监控室内查看检测数据是否及时更新、与其他系统的联动控制功能。

- 处置简单的数据传输问题及控制功能故障。

> **❶ 注意事项**
>
> - 登高作业人员必须持有相关特种作业资格证书，做好安全防护工作。

手动火灾报警系统

- 现场检查设备外观、锁扣情况及使用环境。

- 监控室内检查相关数据是否正常及与其他系统的联动控制功能。

- 处置简单的手动消防设施使用问题。

自动火灾报警系统

- 现场检查探测器安装情况。

- 监控室内检查自动火灾报警系统功能是否正常。

- 检查与其他机电设施的联动控制功能。

可变标志

- 现场检查设备显示内容、外观及使用环境、锁扣情况。

- 监控室内检查可变标志远程控制功能。

- 处置简单的控制功能故障。

 注意事项

- 登高作业人员必须持有相关特种作业资格证书，做好保通工作。

射流风机

- 现场检查设备外观及使用环境、底座外观及安全吊链松紧程度、本地启动正反转功能等。

- 监控室内检查风机的远程控制功能。

- 处置简单的控制功能故障。

> **❗ 注意事项**
>
> - 登高作业人员必须持有相关特种作业资格证书，做好保通工作。

照明设施

- ❯ 现场检查设备外观、锁扣情况及使用环境。

- ❯ 监控室内检查照明回路的远程控制功能。

- ❯ 处置简单的配电功能故障。

❗ 注意事项

- 登高作业人员必须持有相关特种作业资格证书,做好保通工作。

供配电设施

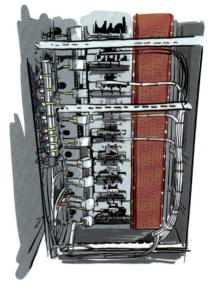

- 现场检查设备外观、锁扣情况及使用环境。

- 监控室内检查供配电设施的远程控制功能及与电力监控系统数据是否匹配。

- 处置简单的供配电功能问题。

❗ 注意事项

- 操作高低压设备人员必须持有相关特种作业资格证书,严格按操作规程进行作业。